ANNALES DU MUSÉE GUIMET

BIBLIOTHÈQUE DE VULGARISATION, TOME 44

TROIS CONFÉRENCES

SUR LES

GÂTHÂ DE L'AVESTA

FAITES A L'UNIVERSITÉ D'UPSAL

POUR LA FONDATION OLAUS PETRI

PAR

A. MEILLET

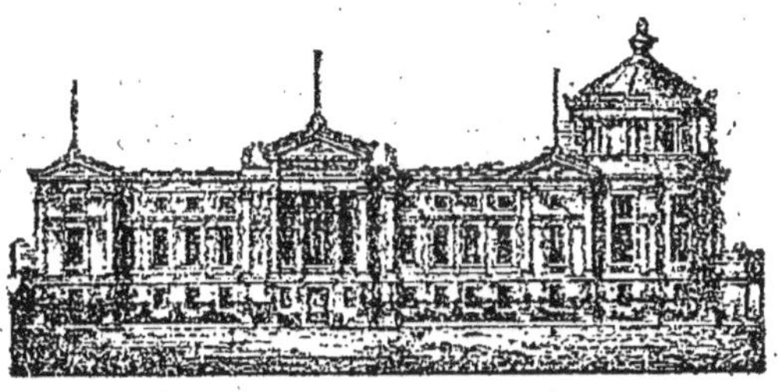

LIBRAIRIE ORIENTALISTE PAUL GEUTHNER

13, RUE JACOB, PARIS (VIe) — 1925

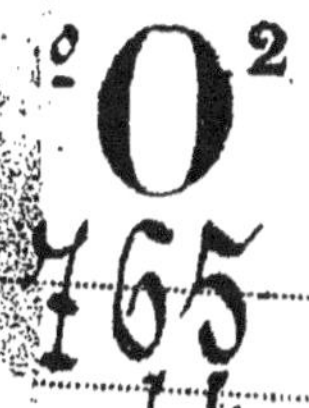

ANNALES DU MUSÉE GUIMET

BIBLIOTHÈQUE DE VULGARISATION

Tomes

XXXVI : Conférences faites au Musée Guimet en 1911,
fig., 291 pp., in-12, 1912. . . . .   10 fr.

L. de Milloué, Anthropomorphisme et zoomorphisme. — *H. Cordier*, Lao Tseu. — *R. Cagnat*, Naufrages d'objets d'art dans l'antiquité. — *Goblet d'Alviella*, Histoire de la science des religions. — *S. Lévi*, Les études orientales : leurs leçons, leurs résultats. — *J. Bacot*, L'art tibétain. — *D. Menant*, Sacerdoce zoroastrien à Nausari.

XXXVII : Conférences faites au Musée Guimet en 1912,
nombr. fig., 293 pp., in-12, 1912. . . .   10 fr.

A. Moret, Mystères égyptiens. — *Dr. Capitan*, Excursion aux villes mortes du Yucatan. — *Seymour de Ricci*, Les contes populaires égyptiens et la littérature hébraïque. — *Ph. Berger*, Les ruines.

XXXVIII : Conférences faites au Musée Guimet en 1912,
fig. et planches, 273 pp., in-12, 1912. . .   10 fr.

Espérandieu, Le culte des sources chez les Eduens. — *P. Alphandéry*, St François d'Assise et l'épopée française. — *S. Reinach*, Samson. — *R. Cagnat*, Comment les Romains se rendirent maîtres de toute l'Afrique du Nord. — *A. Moret*, La Royauté dans l'Egypte primitive : Totem et Pharaon. — *A. Foucher*, L'origine grecque de l'image de Bouddha.

TROIS CONFÉRENCES

SUR LES

GÂTHÂ DE L'AVESTA

TROIS CONFÉRENCES

SUR LES

ˌÂTHÂ DE L'AVESTA

FAITES A L'UNIVERSITÉ D'UPSAL

POUR LA FONDATION OLAUS PETRI

PAR

A. MEILLET

Professeur au Collége de France,
Directeur d'études à l'École des Hautes Études,
Membre de l'Institut.

———

PARIS

LIBRAIRIE ORIENTALISTE PAUL GEUTHNER

13, RUE JACOB, 13

—

1925

A LA MÉMOIRE

DE

JAMES DARMESTETER

HOMMAGE D'UN DISCIPLE

AVANT-PROPOS

La lettre par laquelle la fondation Olaus Petri me faisait l'honneur de m'inviter à faire à Upsal trois conférences était signée de l'éminent archevêque, Mgr Nathan Söderblom.

M. Söderblom, alors jeune pasteur de l'Église suédoise de Paris, avait été le premier à prendre part à mes conférences de l'École des Hautes-Études sur l'Avesta, quand, après la mort subite et prématurée de mon maître James Darmesteter, l'École m'avait demandé de joindre l'enseignement de l'ancien iranien à celui de la grammaire comparée que je donnais déjà. L'étude qu'il a faite alors de l'Avesta lui avait permis d'écrire sa thèse sur la *Vie future dans le mazdéisme*, où il a envisagé d'une manière si ample l'une des questions fondamentales de la religion iranienne ancienne.

Les circonstances m'avaient ainsi amené à étudier l'Avesta de plus près que ne le font d'habitude les linguistes. Pour tirer parti du texte au point de vue linguistique, j'ai éprouvé le besoin de le situer dans des conditions historiques aussi déterminées qu'il était possible. Et j'étais arrivé à des conclusions qu'il me semblait possible et utile de soumettre à la critique.

J'ai cru ne pouvoir faire mieux que de proposer les gâthâ de l'Avesta à Mgr Söderblom, qui a accepté le sujet. J'ai fait ces conférences au début de mars 1924. Après les avoir rédigées, je crois pouvoir les livrer maintenant au public. Les trois conférences sont demeurées dans l'ensemble telles que je les ai prononcées à Upsal. Ecrites après avoir été faites, elles ont pu néanmoins recevoir quelques compléments et les améliorations que j'ai senties être nécessaires.

Je remercie la fondation Olaus Petri, et, en particulier son président, de m'avoir donné l'occasion de formuler mes idées. Je souhaite qu'elles rencontrent près du public la même bienveillance qu'elles ont rencontrée à Upsal, près d'un public savant et difficile, mais ami.

Je remercie aussi le Musée Guimet qui a bien voulu accueillir ce petit ouvrage dans ses collections.

Je me permets de dédier à la mémoire de mon maître, James Darmesteter, ces conférences où sont exposées des vues bien éloignées des siennes. Je ne sais si j'aurais réussi à le convaincre. Mais il y aurait, s'il avait vécu, trouvé la trace de l'enseignement plein d'idées que j'ai reçu de lui. Or, si je n'ai pu me ranger à ses conclusions, si, en ce qui concerne les gâthâ, je m'en suis éloigné de plus en plus, je me suis, du moins, efforcé d'être fidèle à ses conseils en deux points. J'ai cherché à formuler des thèses nettes; si elles ne sont pas conformes à la vérité, il sera par là même facile d'y montrer les erreurs. Et j'ai cherché à envisager les faits en historien qui ne se contente pas de mots et qui s'efforce de saisir la réalité des événements passés.

INTRODUCTION

———

L'Avesta est un texte souvent rebutant. Quiconque l'a beaucoup pratiqué excusera M. Geldner, sinon de n'avoir pas terminé sa monumentale édition, du moins d'avoir écrit, au seuil de la préface, que « l'Avesta n'est pas un de ces champs fertiles à l'étude desquels on devrait consacrer les meilleures années de sa vie ».

Mais, outre l'intérêt qu'il offre au linguiste, outre le fait qu'il est le seul texte littéraire conservé de l'ancien Iran, il a le mérite de renfermer une série de pièces en strophes, analogues aux strophes védiques, qui sont d'un prix singulier : les gâthâ.

Sans doute, James Darmesteter a émis l'hypothèse que les gâthâ seraient un texte tardif ; que la langue n'en différerait de celle du reste de l'Avesta que par l'orthographe ; que les abstractions qu'on y rencontre seraient dues à l'imitation des doctrines platoniciennes. Ce faisant, Darmesteter se bornait

1.

à pousser jusqu'à ses dernières conséquences le procédé qui lui a permis de renouveler l'étude de l'Avesta récent : convaincu, avec raison, que sous les formes où il se présente, l'Avesta récent est une compilation de l'époque sassanide, il l'a interprété au moyen de la tradition qui remonte à l'époque où la doctrine avestique était religion d'Etat. Mais ce qui est en effet vrai de l'Avesta sassanide ne l'est pas des gâthâ qui y sont enchâssées. Entre la langue de l'Avesta récent et celle des gâthâ, les différences sont nombreuses et profondes : dans la mesure où la graphie permet de s'en rendre compte, la forme phonétique présente des divergences notables ; la morphologie en offre beaucoup et de nettes ; les vocabulaires sont distincts, dans une large mesure. Quant au fond, les abstractions des gâthâ n'ont pas le caractère des abstractions platoniciennes. L'hypothèse de Darmesteter n'a pas été reçue, et tout le monde s'accorde à voir dans les gâthâ un texte à la fois ancien et original. Du reste, la tradition du sens de ce texte était perdue à l'époque sassanide : autant la traduction pehlvie de l'Avesta récent est en général correcte et fournit la clé de l'interprétation, autant la traduction pehlvie des gâthâ atteste que les traducteurs ignoraient la grammaire de ce texte et le sens de beaucoup de mots. La traduction de J. Darmesteter, faite d'après la tradition, repose donc sur une base ruineuse, et il est impossible de l'utiliser. J. Darmesteter a appliqué ici un principe qu'il enseignait : le savant doit avoir une doctrine nettement arrêtée, et mieux vaut se tromper tout à fait que d'avoir une doctrine floue qui ne se laisse ni prouver, ni réfuter complètement. En matière d'Avesta récent, J. Darmesteter a vu juste ; en matière de gâthâ, il s'est trompé. Le public, qui est habitué à faire confiance à la belle traduction de l'Avesta, doit se garder d'utiliser la partie consacrée aux gâthâ.

En vérité, on ne peut traduire les gâthâ d'une manière sûre et complète. Outre la difficulté fondamentale qui sera signalée ici au chapitre II, on en est empêché par la singularité d'un texte qui se trouve isolé dans la littérature iranienne, par la volonté qu'ont eue les auteurs de s'exprimer dans une forme éloignée de l'usage commun, enfin par le grand nombre de vocables de sens inconnu qu'on y rencontre. Ainsi les mots sont jetés dans un ordre qui semble souvent arbitraire et qui, systématiquement, ne concorde pas avec l'ordre usuel : le nom du dieu des gâthâ, Ahura Mazdā, qui est, on le sait, un juxtaposé et qui, en perse,

se présente comme un mot, un, dont le second
terme seul est fléchi, apparaît le plus souvent avec
ses deux termes séparés, ou du moins l'ordre des
deux termes est renversé, et l'on trouve un nominatif *Mazdå Ahurō*, plutôt que *Ahurō Mazdå*. Ce
fait banal suffit à donner une idée de la différence
que les auteurs ont tenu à garder entre l'usage courant et leur manière d'écrire.

La traduction qu'a publiée en 1905 M. Bartholomae, sous le titre *Die Gâthâ's des Avesta, Zara-
thushtra's Verspredigten*, est la seule traduction
complète à laquelle on puisse se fier d'une manière
générale. Elle repose sur une doctrine linguistique
solidement bâtie, cohérente d'un bout à l'autre, et
elle suit le texte de très près. Elle sort de l'admi-
rable dictionnaire du même auteur, et elle en a les
mérites. Mais il est à regretter que M. Bartholomae
ait cru devoir traduire presque tout d'un texte où
nombre de passages sont peu intelligibles, qu'il ait
jugé nécessaire d'attribuer un sens à presque tous
les mots, là même où aucune donnée de fait ne
permet de déterminer la signification exacte, et de
ne pas signaler de quelque manière à son lecteur
le degré — variable suivant les cas — de proba-
bilité qu'a son interprétation. Dans l'ensemble,
M. Bartholomae donne une idée juste des gâthâ ;

mais, qui veut tirer parti d'un détail du texte ne le peut qu'à condition d'examiner en quelle mesure la traduction du passage considéré repose sur des données positives et certaines.

Ce qui montre que la traduction de M. Bartholomae est en général correcte, c'est que la traduction, indépendante et profondément critique, que MM. Andreas et Wackernagel ont donnée d'une partie des gâthâ, s'en écarte seulement dans le détail. On sait que MM. Andreas et Wackernagel ont, sur la forme du texte, des opinions tout autres que M. Bartholomae ; sur le sens, ils sont le plus souvent d'accord avec lui. Mais on les louera d'avoir laissé plus de passages sans les traduire et d'avoir mis plus de points d'interrogation. Ces traductions ont paru dans les *Nachrichten* de l'Académie de Göttingen en 1909 (p. 41-49), 1911 (p. 1-34) et 1913 (p. 363-385) ; elles portent sur les chapitres 29 à 32 du Yasna.

S'il reste beaucoup de passages obscurs, on peut dire que le sens général des gâthâ est connu et qu'il y a maintenant accord entre les savants qui les étudient.

Bien que le texte ait été souvent étudié dans les derniers temps, il reste beaucoup à faire pour en déterminer d'une manière exacte la place dans l'histoire, le caractère littéraire et la signification religieuse. On ne se propose ici que d'apporter des précisions. On s'efforcera de présenter les conclusions de la manière la plus nette afin que les iranistes puissent les confronter avec les faits, et les confirmer ou les réfuter.

Depuis la *Zoroastrian Theology* de Dhalla (New-York, 1914), il est facile de voir en quoi la doctrine des gâthâ se distingue de celle de l'Avesta récent. La religion de l'Avesta récent apparaît comme un compromis entre la réforme religieuse dont les gâthâ sont le seul monument authentique et l'ancienne tradition iranienne parallèle à la tradition indienne représentée par les védas. La doctrine est placée dans l'ensemble du développement religieux par James Hope Moulton, *Early zoroastrianism*, Londres, 1913 et par R. Pettazzoni, *La religione di Zarathustra*, Bologne (sans date, préface datée de novembre 1920). M. Bartholomae a brièvement résumé ses vues dans une petite brochure récente : *Zarathuštra's Leben und Lehre*, Heidelberg, 1924.

Les trois auteurs s'accordent à mettre en première place la personnalité du réformateur que l'Avesta nomme *Zaraθuštra-*. On lui attribue volontiers le texte même des gâthâ. Toutefois, rien ne prouve que tous les morceaux soient du même auteur. Le fait qu'il y est souvent question de *Zaraθuštra-* mentionné à la troisième personne n'appuie pas la supposition que toutes les pièces des gâthâ seraient l'œuvre du réformateur lui-même.

En réalité, tout ce qui est sûr, c'est que les compilateurs du Yasna ont inséré dans leur texte un certain nombre de morceaux archaïques qui s'étaient conservés et qui, pour eux, étaient déjà peu intelligibles, mais qui étaient considérés comme un héritage sacré. Les gâthâ sont les débris conservés de la réforme zoroastrienne, mais on voit mal comment on pourrait établir qu'elles sont toutes l'œuvre d'un même auteur. Telle pièce exprime des sentiments personnels, a de l'accent, de la vie. Telle autre, comme Yasna L, est dénuée de caractère, et fait l'effet d'une œuvre d'école. Le nombre et l'étendue des pièces conservées sont trop petits pour qu'un départ puisse être tenté utilement. Le fait que les gâthâ seront considérées ici comme un bloc est dû à l'impossibilité où l'on est de faire œuvre critique, non à la conviction que ces textes forment un ensemble un. Le petit recueil des gâthâ représente ce qui reste de toute une littérature. Si on les traite ici comme une unité, c'est faute d'en pouvoir faire la critique : ces textes sont trop peu considérables, et surtout trop isolés, pour que la critique ait chance d'aboutir à des résultats sûrs et précis, ou même probables et à peu près définis. Le recueil est par bonheur assez cohérent pour qu'il n'y ait pas inconvénient grave à le traiter comme un tout. Mais on retiendra que, si les gâthâ sont envisagées d'ensemble, c'est par une approximation grossière et qui, sans doute, est éloignée de la réalité. C'est sous le bénéfice de cette réserve qu'on doit lire les conférences reproduites ici.

Quoi qu'il en soit, les gâthâ forment, dans le texte avestique traditionnel, un corps étranger et senti comme tel.

La graphie marque dès l'abord la différence. La langue diffère d'une manière essentielle. Et la doctrine diffère plus encore, ainsi qu'il ressort immédiatement de l'ouvrage de M. Dhalla sur la Théologie Avestique, signalé ci-dessus.

Dans les gâthâ, on est partout en présence d'une réforme religieuse systématique : les idées morales sont au premier plan ; l'opposition des esprits bon et mauvais apparaît sans cesse ; la rémunération après la mort domine tout ; les puissances bienfaisantes exprimées par des termes abstraits qui forment à Ahura Mazdā une sorte de cour sont mentionnées presque à chaque strophe, soit par leurs noms, soit au moins au moyen d'allusions ; en revanche les rites sacrificiels ne jouent aucun rôle.

Au contraire, la doctrine de l'Avesta récent a un caractère syncrétique ; elle résulte d'un compromis entre le zoroastrisme pur, que laissent entrevoir les gâthâ, et une ancienne religion ritualiste, d'un type pareil au type védique. Des dieux tels que *Miθra* sont adorés. Le sacrifice est largement pratiqué, au point que le recueil où sont encastrées les gâthâ est la partie récitée du sacrifice : faute d'avoir conservé les vieux textes propres à être récités dans le sacrifice solennel, les prêtres qui ont organisé à la fin de la période arsacide et au début de la période sassanide, la religion avestique ont utilisé les seuls poèmes religieux conservés, bien que ces poèmes n'aient pas été faits en vue du rituel et qu'ils sortent plutôt d'une réaction contre le rituel ; rien ne montre mieux le compromis qui s'est produit entre le zoroastrisme et la religion de l'aristocratie aryenne (indo-iranienne), et aussi la ruine des anciennes traditions lors de la conquête macédonienne et des débuts de la royauté parthe, iranienne au point de vue politique, hellénisante au point de vue de la civilisation. Les *Aməša spənta,* qui consistaient seulement en puissances bienfaisantes, sans personnalité matérielle, se matérialisent de plus en plus et deviennent des personnages concrets. Toutes sortes d'usages et de superstitions sont incorporés à la religion et plus ou moins justifiés par l'opposition des mondes bon et mauvais. Le *mauvais esprit,* qui n'était rien qu'une expression réalisée de la malfaisance, devient une sorte d'être divin opposé à Ahura Mazdā; il se constitue ainsi une sorte de dualisme, à la place de l'opposition morale du bien et du mal qui caractérise la doctrine des gâthâ.

Un chapitre célèbre de l'Avesta récent, *Yasna IX,* illustre bien ce syncrétisme: Zoroastre y figure, mais en compagnie de *haoma,* qui est l'objet principal du sacrifice indo-iranien, le Soma védique. Et c'est du sacrifice que sortent les héros légendaires de la tradition indo-iranienne: les mêmes noms se trouvent à la fois ici et dans les védas. Zoroastre devient un épigone des personnages de la tradition indo-iranienne.

Des débris de cette tradition s'étaient donc maintenus à côté des débris tout différents de la réforme zoroastrienne. La langue en porte témoignage: dans l'ensemble la langue de l'Avesta récent est à un stade de développement plus avancé que celle des gâthâ; mais elle maintient des archaïsmes qui, déjà dans la langue des gâthâ, avaient disparu ou étaient en train de disparaître (voir *Journal asiatique*, 1917, II, p. 183 et suiv.).

Il importe d'ailleurs de noter que, malgré la grande proximité des types linguistiques, la langue de l'Avesta récent n'est pas la continuation de la langue gâthique. Le fait a été indiqué ; mais il n'a pas été étudié comme il mériterait de l'être. Un fait de vocabulaire apporte de la différence entre les deux parties une preuve saisissante. L'Avesta récent désigne les trois castes, celle des prêtres, celle des guerriers et celle des agriculteurs, par trois termes indo-iraniens : le nom *aθaurvā* du « prêtre » rappelle de près le védique *áthárvā-* ; le nom *raθaèštå* (au nominatif) du « guerrier » est identique à *rathesthåh* du véda ; quant au nom, *vāstryō fšuyąs*, de l' « agriculteur », il ne se retrouve pas dans l'Inde ; mais la forme du dérivé *fšu-ya-* du nom du « bétail », skr. *páçu*, av. *pasu*, se dénonce comme ancienne par son vocalisme (vocalisme à degré zéro de l'élément radical dans un verbe dérivé). Or, les gâthâ ont trois termes différents pour les mêmes notions : *airyamā* (*aryamá* signifie en védique « compagnon ») ; *xvaētuš* (c'èst-à-dire « membre d'un groupe » ; on rapprochera gr. ἔτης, ἔταρος, ἕταιρος) ; *vərəzənō, vərəzənyō* (avec des traces de la locution qui se retrouve plus tard : *vāstryō fšuyąs*). L'Avesta récent est plus fidèle que le gâthique au vocabulaire traditionnel indo-iranien.

Quand s'est produite la grande réaction nationaliste iranienne qui a abouti à la fondation de l'empire sassanide, on a utilisé tant bien que mal le peu qui restait des traditions de toutes sortes. La religion mazdéenne qui alors a pris sa forme définitive est devenue religion d'État, tandis que le zoroastrisme avait été une secte. De là résulte en grande partie ce que la religion de l'Avesta récent a de raide, d'étriqué ; de là vient le contraste si frappant entre la religion toute morale des gâthâ et la pauvreté intellectuelle de l'Avesta sassanide. On conçoit ainsi que l'Avesta donne si peu une idée de la liberté d'esprit, de l'ardeur religieuse, de la vive intelligence, du goût pour les nouveautés morales qui a toujours caractérisé les Iraniens. Les gâthâ reflètent cette mentalité brillante et toute son ardeur ; l'Avesta récent n'en offre même pas la cendre.

I

DATE DE ZOROASTRE[1]

Ce qu'enseignent les Grecs sur la date de Zoroastre est fantastique : Zoroastre aurait vécu cinq ou six mille ans avant la guerre de Troie. Ctésias donne une autre légende, mais pas plus précise. En somme, les Grecs n'ont recueilli sur Zoroastre aucune tradition exacte. Comme ils ont bien connu la Perse achéménide avec laquelle ils entretenaient des rapports constants, c'est dire que le zoroastrisme n'était ni la religion officielle, ni une religion importante de la Perse proprement dite.

En revanche, l'église zoroastrienne elle-même a une tradition qui est à la fois précise et plausible. Cette tradition qui se trouve dans des textes pehlvis, le Bundahišn, l'Arda Viraf, a été recueillie ensuite par les historiens arabes : la carrière active de Zoroastre (*zaraθuštra-*, d'après la forme avestique

1. On trouve les textes réunis et discutés dans le *Zoroaster* de M. Jackson ; il suffit d'y renvoyer une fois pour toutes.

du nom) aurait commencé 258 ans avant l'ère
d'Alexandre ; elle appartiendrait donc à la seconde
moitié du viie siècle et à la première moitié du vi^e
avant Jésus-Christ. Zoroastre, né vers 660 av. J.-C.,
d'après la corrcction de West, aurait eu 42 ans lors
de la conversion de Vištāspa. Sans doute tout n'a
pas, dans la tradition zoroastrienne, ce degré de vrai-
semblance. Mais le fait de la conservation d'une
langue archaïque comme l'est celle des *gāθā-*,
confirme qu'il y a une tradition et autorise à ne pas
refuser a priori confiance aux dates traditionnclles.

Cyrus a régné de 558 à 529 et Darius I de 521
à 485 avant J.-C. Zoroastre aurait donc précédé de
peu la période des grands souverains achéménides.

Et, en effet, la réforme religieuse dont on essaiera
de marquer le caractère suppose de grands mouvements historiques et sociaux. L'établissement d'un
vaste empire, gouverné par un roi absolu, a été
dans le monde indo-iranien un fait d'un type nouveau ; il est sans doute résulté de ces mêmes mouvements auxquels est due la secte zoroastrienne.
Ce fait capital domine la question.

Un texte lyrique, purement religieux, tel qu'est
celui des gâthâ, ne se prête pas à fournir de précisions historiques. Néanmoins, la situation existant

à l'époque où les pièces des gâthâ ont été composées, transparaît dans le texte. Or, elle concorde avec la date traditionnelle.

Les gâthâ expriment sans cesse le vœu ardent qu'il se trouve un chef politique pour protéger la bonne doctrine et pour défendre les croyants. En face de *Vištāspa* qui, en effet, accepte et protège la doctrine zoroastrienne, il y a des chefs hostiles, ainsi Bɔndva, Y. XLIX-1-2.

L'ancien régime indo-iranien subsiste donc. Il y a une nation aryenne qui a fortement le sens de son unité. Mais il n'y a pas de chef en qui se concentre toute la puissance. Chaque chef de tribu a la puissance dans son groupe.

Quand les gàthâ énumèrent des groupements politiques, — et elles le font plus d'une fois — elles indiquent la « maison », la « famille », la « tribu » et la « province » ;

dəmānəm-vīsəm-šōiθrəm-dahyūm

Y. XXXI, 18 (voir aussi Y. XXXI, 16 ; XLVI, 4). Une royauté centrale n'est jamais considérée. Toùt se passe comme si le grand fait de la royauté achéménide n'avait pas encore existé.

Des chefs de groupe, les gàthâ ne donnent le nom que du « maître de maison » *dəng paitiš*.

Mais c'est sans doute par hasard. L'Avesta récent a les noms de tous les chefs de groupe, jusqu'au chef de province, *dahyupaitiš*. Or, le trait caractéristique de l'époque achéménide, c'est le chef suprême, le *xšāyaθiya xšāyaθiyānām* des inscriptions, le βασιλεύς par excellence des Grecs. Les gâthâ ne savent rien d'un pareil chef qui est, en effet, un personnage tout nouveau parmi les Aryens tout comme dans l'ensemble du monde indo-européen.

Il n'y a, dès lors, aucune raison de croire que le Vištāspa qui a protégé Zoroastre ait rien de commun avec Vištāspa, père de Darius. Dans l'empire achéménide, il n'y avait qu'un roi et des satrapes ; Vištāspa, père de Darius, n'était pas un souverain. Les noms iraniens sont sujets à se répéter ; ils ont été portés par des personnages divers, tout comme les noms propres grecs.

Donc, dans la mesure où un texte aussi éloigné des réalités matérielles que l'est celui des gâthâ, laisse entrevoir un état de choses historique, cet état concorde avec la date traditionnelle. A la vérité, il n'exclut pas une date plus ancienne. Mais il rend peu probable une date plus basse. Or, il n'y a pas lieu de remonter plus haut, comme le veut M. Bartholomae.

Dans la brochure où il a résumé ses vues sur Zoroastre, *Zarathuštra's Leben und Lehre* (Heidelberg, 1924), M. Bartholomae affirme que la date traditionnelle est « sûrement beaucoup trop basse » (p. 10). Mais la preuve qu'il donne n'est pas convaincante.

Le nom *Mazdaka* figure dès le vIII[e] siècle sur une inscription assyrienne pour désigner un Mède. Il résulte de là, tout au plus, que dès cette date, *Mazdā(h)* était le nom du grand dieu iranien. Mais rien, dans les gâthâ, n'indique que Zoroastre ait été le premier à donner cette situation à *Ahura Mazdā(h)*. Ce n'est pas le nom du dieu qui caractérise le zoroastrisme. A en juger par le texte, Zoroastre adore un dieu communément admis. *Ahura* est un mot indo-iranien commun, l'*asura* védique ; et le groupement de *Mazdā(h)* avec *Ahura* doit être bien antérieur à Zoroastre.

Les souverains achéménides avaient pour grand dieu *A(h)uramazdā*. Les inscriptions le disent nettement ; mais elles ne disent pas que cet *A(h)uramazdā-*, qui était le dieu commun de tous les Iraniens, ait été conçu à la manière propre de Zoroastre. On n'a donc pas le droit de conclure que le zoroastrisme ait été la doctrine officielle des souverains achéménides, ni par suite qu'il faille supposer un délai supérieur à celui qu'il y a eu entre 583, date où Zoroastre serait mort suivant la tradition, et l'avènement de Cyrus, en 538.

Les preuves alléguées reposent l'une et l'autre sur une seule affirmation, qui est arbitraire, à savoir que, avant Zoroastre, les Iraniens n'auraient pas eu pour dieu *Ahura Mazdā(h)*.

La langue apporte à ce témoignage de la tradition une confirmation saisissante.

La tradition enseigne que Zoroastre était originaire du Nord-Ouest de l'Iran, et quelques textes précisent : il serait né à *Raghā*, Ράγαι des Grecs, donc au voisinage de Téhéran. Or, si l'on examine la langue de l'Avesta en général, des gâthâ en particulier, on reconnaît immédiatement, d'abord qu'elle diffère du perse, ce qui exclut le Sud-Ouest, puis qu'elle diffère aussi du sogdien et du parler de Khotan dont on a maintenant des textes, comme de tous les parlers orientaux actuellement décrits. La langue de l'Avesta repose donc sur des parlers du Nord-Ouest. En conclusion d'un mémoire rigoureux qu'il vient de publier, *Dialektologie der west-iranischen Turfantexte* (dans *Le Monde oriental,* vol. XV [1921], p. 184-258 ; Upsal, 1924), M. Paul Tedesco montre que la langue avestique appar-

tient au groupe des parlers du Nord-Ouest (l. cit.,
p. 255 et suiv.). La démonstration est obtenue par
des procédés purement linguistiques, indépendante
de la tradition qu'elle vient ainsi confirmer.

Peu importent après cela les indications — toutes
empruntées du reste à l'Avesta récent — d'après
lesquelles l'Avesta se serait constitué dans l'Iran
oriental. Même exactes, elles ne prouveraient rien.
Ce n'est pas sur la base du parler du pays, la
Moravie, où ils travaillaient et où régnait le souverain qui les a appelés, que les premiers traducteurs slaves ont fixé la langue religieuse des Slaves ;
c'est en se servant de leur parler, celui de la région
de Salonique.

L'état de langue que présentent les gâthâ ne
permet pas de préciser la date où cette langue se
serait fixée. Car la rapidité avec laquelle évoluent
les langues varie d'un cas à l'autre. En second lieu,
une langue littéraire une fois fixée se maintient sans
grand changement visible : le latin dans lequel sont
rédigés les textes médiévaux ne donne aucune
idée de l'italien, de l'espagnol, du français que
parlaient les gens du xiii° siècle ap. J.-C. Enfin, on
n'a pas de point de repère pour le dialecte auquel
appartient la langue avestique.

A défaut d'un point de repère précis, on peut recourir aux inscriptions achéménides où est employé un dialecte différent, mais de même type. On a souvent dit que ces inscriptions seraient rédigées dans une langue fixée, dans une « langue de chancellerie ». A les examiner de près, on a une impression tout autre : la langue en laquelle elles sont rédigées doit être celle de l'aristocratie perse parmi laquelle Darius a recruté ses premiers appuis et ses satrapes. On y observe sans doute d'une manière assez exacte l'état du perse à l'époque de Darius (521-483 av. J.-C.) et de Xerxès.

Cet état de langue appartient encore au vieux type indo-iranien. Les syllabes finales subsistent. Il y a une déclinaison à cas multiples. La plupart des types verbaux sont conservés ou dans l'usage courant ou, du moins, par des traces notables. Mais l'évolution progresse avec rapidité. Les consonnes finales sont déjà très réduites. La déclinaison a perdu des formes casuelles : le datif ne se distingue plus du génitif; l'instrumental est en grande partie confondu avec l'ablatif; le nominatif et l'accusatif masculins pluriels des démonstratifs n'ont plus qu'une forme. Le parfait est remplacé presque entièrement par une forme périphrastique. Le stade iranien moyen n'est pas atteint; mais la langue s'en rapproche, et l'on sent qu'il ne faudra plus un long temps pour y arriver.

Un détail marque bien la différence de niveau entre la langue des gâthâ, celle de l'Avesta récent et le vieux perse (qui est d'un tout autre dialecte). Dans les gâthâ, les deux termes du nom d'*Ahura Mazdā*(*h*) sont autonomes; ils sont souvent séparés l'un de l'autre; l'ordre varie et l'on a *Mazdā*(*h*) *Ahura* tout aussi bien que l'inverse. Dans l'Avesta récent, les deux termes sont encore fléchis l'un et l'autre : *Ahurō Mazdå*; mais l'ordre en est fixe. En vieux perse, l'unification est absolue, et le dernier terme seul se fléchit : *A*(*h*)*ura-mazdā*.

Le perse, langue d'une aristocratie conquérante qui a occupé des régions nouvelles, a dû évoluer rapidement. Et il y a en gros un siècle entre la date traditionnelle de Zoroastre et celle de Darius. D'autre part, la langue des gâthâ doit être archaïsante. Les inscriptions perses portent trace d'une langue religieuse traditionnelle que les auteurs des gâthâ n'ont pu manquer de connaître aussi. Le nominatif pluriel en *-āha* des thèmes en *-a-* n'est conservé en vieux perse que par tradition; or, il se retrouve dans les gâthâ, et aussi par tradition savante. Le mot *fraēšta-* « messager », inconnu à l'Avesta récent, et sans doute savant dans les gâthâ, y a le pluriel *fraēštåṅhō* Y. XLIX, 8.

Mais, faites pour toucher le public, les gâthâ ne pouvaient s'éloigner beaucoup de la langue courante : toute religion qui vise à convertir doit se servir d'un langage intelligible. Le bouddhisme et le christianisme en donnent la preuve. A plusieurs égards, les gâthâ présentent des formes déjà évoluées, et plus altérées que celles de l'Avesta récent (v. l'article du *Journal asiatique* cité ci-dessus, p. 19). Ainsi la flexion de *vīspa-* a été conformée au type nominal général : dat. sg. *vīspāi*, gén. plur. *vīspanām* ; on a une 1re personne du singulier thématique *sīšā*, au lieu de la forme athématique attendue d'après 3e sg. *sāstī*, etc. Beaucoup de menus détails montrent que, au moment où ont été composées les gâthâ, la langue glissait rapidement vers un état nouveau.

Ceci posé, il est vrai que l'état de langue gâthique est encore d'un archaïsme extrême, qui atteint le plus souvent, qui dépasse parfois, celui de la langue du Rgveda. La règle τὰ ζῷα τρέχει s'applique avec rigueur. La 1re personne primaire du singulier actif dans le type athématique est encore en -*ā*, fait unique dans tout l'indo-iranien. L'opposition de *gaidī* « viens » et de *jantū* « qu'il vienne » subsiste. Les effets de la loi de Bartholomae ne sont pas effacés, et les formes *aoγžā* « tu as dit », *aogədā* « il a dit » subsistent, en face de la forme *aoxta* de l'Avesta récent. Mais rien de tout cela ne suppose une date plus ancienne que la fin du VIIe siècle av. J.-C. La règle τὰ ζῷα τρέχει s'appliquait en grec encore beaucoup plus tard.

Si l'état de langue du gâthique est plus ancien que celui du vieux perse, et de manière très sensible, il ne suppose pas, on le voit, un recul supérieur au siècle indiqué par la tradition. Les vieux usages devaient être alors à la veille de s'altérer. Un fait curieux est celui-ci que le génitif-ablatif singulier du type athématique subsiste en gâthique comme en védique, alors que dans l'Avesta récent, l'ablatif singulier a été distingué partout du génitif par une forme spéciale et a reçu le -ṭ final de l'ablatif des thèmes en -*a*-. Mais l'action d'un des types sur l'autre était commencée déjà ; elle se manifeste seulement en gâthique sous une forme inverse de celle qui a prévalu dans l'Avesta récent : la forme du génitif *vərəzənahyā* sert d'ablatif Y. XXXIII, 4, d'après l'analogie des formes du type athématique. On observe ici, une fois de plus, comment l'évolution des gâthâ n'est pas celle qui a abouti aux formes de l'Avesta récent.

Si peu qu'un texte comme celui des gâthâ se prête, soit par son contenu, soit par sa langue à fournir ou à confirmer des dates, les données qu'on en peut tirer concordent donc avec la date — comme avec la localisation — livrée par la tradition. Et comme cette date est de tout point vraisemblable et que rien ne la rend suspecte, il faut la retenir. Le texte des gâthâ se situe à un moment précis. On peut dès lors en tirer parti pour faire l'histoire ancienne, si pleine de lacunes, si obscure, des populations de langue iranienne, et aussi pour suivre le développement de la pensée religieuse dans l'Iran.

II

LA COMPOSITION DES *GATHA*

Si l'on essaie de lire l'Avesta, on s'aperçoit immédiatement que la lecture en est impossible : pas un chapitre ne forme une unité, pas un morceau ne se suit d'un bout à l'autre.

Et ceci s'explique : l'Avesta n'est ni un livre, ni un recueil de livres ou de pièces complètes. C'est une suite de fragments, à vrai dire, un champ de ruines, et non pas de ruines grecques comme celles de Sélinonte où les temples renversés laissent voir encore leur plan et leur belle ordonnance et, couchés sur le sol, glorifient les dieux lumineux ; mais des ruines informes où ne se reconnaît aucun ordre.

Comme l'a vu **J.** Darmesteter, notre Avesta est un ensemble de fragments que le hasard a conservés et que des rédacteurs dénués d'art et de pensée ont mis côte à côte sans système.

Ce travail ne fait pas honneur à l'église sassanide : la pire misère intellectuelle s'y étale d'un bout à l'autre. Mais le savant moderne y gagne ;

si les fragments avaient été refondus, unifiés,
l'état ancien du texte qu'on devine ne se laisserait
même plus entrevoir. Grâce à l'indigence intellectuelle des rédacteurs, on dispose de fragments
authentiques dont l'intérêt est grand.

La graphie donne quelque idée de l'histoire du
texte. Les caractères employés sont araméens ;
mais les consonnes sont suivies de signes indi-
quant les voyelles à la manière grecque. Les
deux actions qui se sont exercées à l'époque arsacide se manifestent ainsi dans la forme sous laquelle
le texte a été transmis. De plus les consonnes ont
été différenciées les unes des autres à l'aide de
sortes d'additions diacritiques, de manière à noter
des différences non exprimées par l'alphabet araméen, en particulier la différence entre les consonnes occlusives et les consonnes spirantes.

Cette forme du texte n'est pas la plus ancienne.
Elle a été précédée d'une notation purement sémi-
tique où les voyelles étaient indiquées au besoin
par des *matres lectionis*, mais où elles ne figuraient
pas systématiquement, et où les signes diacritiques
n'existaient pas. M. Andreas a mis en évidence
cette forme ancienne qu'il faut toujours restituer
quand on veut se rendre compte de la façon dont
le texte a été fixé par écrit au début.

L'influence grecque est donc toute secondaire et superficielle. La seule influence ancienne est araméenne. Mais la graphie araméenne ne traduit pas non plus une influence profonde de civilisation. Ni dans la langue de l'Avesta, ni du reste dans l'ensemble des parlers iraniens, il ne se trouve de mots empruntés à l'araméen. Tandis que le persan s'est pénétré de mots arabes, le vieux perse et le pehlvi n'ont accepté à peu près aucun vocable araméen. La graphie pehlvie pourrait faire illusion au premier abord ; mais on a reconnu depuis longtemps que les mots araméens du pehlvi sont seulement des masques qui couvrent des mots iraniens ; *min* est *ač* (*az*), *li* est *man, malkā* est *šāh, gabrā* est *mard*, et ainsi toujours. Si quelqu'un en avait pu douter, les textes pehlvis de Tourfan, ceux du Nord comme ceux du Sud, ont apporté la preuve décisive que ce doute n'était pas fondé.

Le fait est singulier : en général l'emprunt d'un procédé graphique marque une influence de civilisation. Ici, la graphie seule a été empruntée. C'est que, rompant avec la tradition babylonienne, la Perse a recouru à des Syriens pour ce qui s'écrivait ; les bureaux de l'empire achéménide se servaient de l'araméen. Sans doute, les inscriptions monumentales sont en caractères cunéiformes ;

mais le parallélisme avec les textes babylonien et néo-susien l'exigeait ; or, l'extrême réduction du nombre de caractères employés montre que l'alphabet cunéiforme perse a été constitué d'après un modèle araméen. Quand on a noté de l'iranien avec des caractères araméens — ce qui a dû se produire au plus tard à l'époque arsacide —, les scribes araméens ont trouvé commode de garder la forme araméenne de tous les mots usuels, de sorte que, à première vue, les textes « pehlvis » ont l'air d'un mélange d'iranien et d'araméen.

Il est malaisé d'imaginer à quel moment les textes avestiques ont été notés au moyen de caractères araméens semblables à ceux avec lesquels on écrivait le « pehlvi » — sans doute d'abord le « pehlvi » du Nord qui est représenté par les inscriptions sassanides dites en chaldéo-pehlvi, et par une partie des textes de Tourfan en iranien occidental. A en juger par divers détails et par les différences d'orthographe que reflètent les transpositions dans l'alphabet nuancé employé ultérieurement, les textes gâthiques et les autres ont été notés séparément. Puis, quand a eu lieu la transcription de l'ancien alphabet simple dans le nouvel alphabet pourvu de voyelles et de signes diacritiques, cette transcription a été faite d'abord pour les gâthâ ; et c'est seulement après addition de quelques caractères nouveaux que la transcription des textes récents a été opérée. Une critique minutieuse permettrait sans doute, sinon de déterminer avec précision, du moins d'esquisser l'histoire compliquée de ces notations.

Quant à la graphie initiale, on n'essaiera pas de décider si les premiers auteurs ont écrit ou si les textes, confiés d'abord à la mémoire, ont été notés après coup, et, dans ce cas, à quel moment ils auraient été fixés par écrit pour la première fois.

On voit combien il y a d'éléments inconnus ou mal déterminés dans l'histoire du texte. Mais on voit aussi que, à toute époque, les gâthâ ont été traitées autrement que l'Avesta récent. Elles étaient une survivance précieuse dont la tradition a été sauvée à plus d'une reprise.

Il reste à chercher en quoi consiste le document conservé avec tant de piété.

Un premier trait est frappant : les gâthâ sont en vers, et ces vers constituent des strophes. A cet égard elles se comportent comme le Rgveda, qui comprend des hymnes rédigés en strophes de types variés. Soit pour le nombre de vers, soit pour le nombre de syllabes de chaque vers, soit pour la place des coupes dans le vers, les strophes gâthiques sont comparables aux strophes védiques. Il n'est pas douteux que les unes et les autres sont issues d'un même type indo-iranien.

Entre le vers védique et le vers avestique — des gâthâ, comme de l'Avesta récent — il y a cependant une différence grave : le vers védique comporte des observances précises de quantité à certaines places définies ; le vers avestique n'en comporte aucune. Si, comme des concordances nombreuses et bien déterminées l'indiquent, le rythme quantitatif du vers attesté par l'accord du védique et du grec ancien et confirmé par le caractère quantitatif du rythme de la langue existait dès l'indo-européen, le vers avestique a donc perdu l'un des principaux éléments constitutifs du vers indo-européen. Cette innovation s'explique par le fait que, en plusieurs positions, la quantité des voyelles iraniennes s'est altérée : les voyelles finales de mot n'ont plus de quantité propre ; l'allongement du groupe phonique tend à abréger les voyelles de l'intérieur du groupe (contraste connu entre *dəmānəm* [avec un *ā* iranien commun] et *dəmanahyā*, entre *čaθwārō* et *čaθwarasča*). En compensation, la place de la coupe qui, dans les vers de plus de huit syllabes, est obligatoire, est devenue fixe; elle a perdu la liberté qu'elle avait en védique et qui était un héritage de l'indo-européen.

Mais, si la forme métrique des strophes des gâthâ est voisine de celle des védas, l'emploi en est autre. L'hymne védique est une pièce composée, un tout dont les parties se suivent avec autant de rigueur qu'on peut l'attendre dans un poème lyrique. Une gâthâ de l'Avesta offre au contraire une série de strophes qui se rapportent plus ou moins à un même ordre d'idées, mais qui ne semblent présenter aucune suite régulière. Les débuts de chaque morceau sont brusques; chaque strophe forme une unité; mais d'une strophe à l'autre il y a un hiatus; l'ensemble est incohérent.

Dans sa traduction des gâthâ, M. Bartholomae s'est efforcé de marquer par des analyses la suite des idées. Ses exigences sont modestes; il se contente de suites forcées, peu visibles. Néanmoins il est sans cesse amené à constater que certaines parties se séparent des autres, que les parties d'un hymne ne se suivent pas, etc.

Ce fait appelle une explication. Pour rendre compte de la brusquerie des débuts, M. Bartholomae a été conduit à admettre que les pièces en vers auraient succédé à des prêches en prose, non conservés, qui auraient été plus précis et qui auraient éclairé la partie versifiée.

Il faut aller plus loin. Les plus anciens textes bouddhiques se composent de morceaux versifiés, dits gâthâ, reliés par des morceaux en prose, plus ou moins brefs, qui les éclairent. Plus on remonte dans le passé, plus la place de la prose semble petite. Mais toujours il y a de la prose. Pareille disposition expliquerait immédiatement l'aspect singulier des gâthâ de l'Avesta. Il n'aurait subsisté que la partie expressive, rigoureusement formulée, et par suite versifiée, d'une prédication dont la partie d'exposé courant, libre et sans forme arrêtée, aurait disparu. Dès lors l'incohérence du texte est chose naturelle : elle tient à ce que les liaisons n'ont pas été transmises. Si l'hypothèse est admise, elle facilite l'explication : là où les strophes ont une suite, c'est qu'elles étaient peu séparées, ou même ne l'étaient pas ; là où il y a hiatus, c'est qu'un exposé libre en prose était prévu entre les strophes conservées. Dès lors il est vain de s'acharner à découvrir des suites qui n'ont jamais existé. Le texte ne devient pas beaucoup plus intelligible ; mais on renonce du coup à le forcer pour y introduire une cohésion qui y manque par nature.

Or, la composition bouddhique, en prose pour les explications, en vers pour tout ce qui est expressif et doit être formulé avec force, n'est pas chose isolée dans le monde indo-européen. C'est un usage antique qui se retrouve ailleurs.

Dans le monde italo-celtique où, à en juger par de frappantes concordances des vocabulaires religieux et juridique, se sont conservées les vieilles traditions religieuses indo-européennes, on retrouve ce même mélange de prose et de vers. L'épopée irlandaise est en prose, mais coupée de vers toutes les fois que le besoin de l'expression le demande ; et, autant la prose est simple et claire, autant les vers sont artificiels, souvent obscurs, ornés de mots rares. Si l'on rapproche les gâthâ de l'Avesta, on comprend d'où vient l'obscurité, et pourquoi le vocabulaire y fait presque à chaque strophe quelque difficulté, rendant souvent précaire ou impossible l'intelligence de l'ensemble d'une strophe. — Rome, pénétrée d'influence hellénique savante, a laissé tomber les genres traditionnels ; mais on y entrevoit l'existence de pièces mêlées de prose et de vers ; l'érudit Varron qui connaissait les anciens usages a cultivé la satire ménippée, mêlée de prose et de vers. Et, si peu net que soit le passage célèbre de Tite Live sur l'origine du théâtre à Rome

(VII, 2) on y entrevoit des mélanges de mètres : *Qui non sicut ante Fescennino uersu similem incompositum temere ac rudem alternis iaciebant sed impletas modis saturas descripto iam ad tibicinem cantu motuque congruenti peragebant.* « Les acteurs ne se lançaient pas, comme on faisait auparavant, des répliques en un vers analogue au *fescennin*[1], sans rythme, sans plan arrêté, sans travail. Ils jouaient des satyres, pleines de rythmes variés, avec un chant désormais préparé d'après l'accompagnement du joueur de chalumeau et avec des gestes appropriés » (d'après Lejay, *Histoire de la littérature latine des origines à Plaute*, p. 173 et suiv.).

La littérature islando-norvégienne connaît aussi le mélange de la prose et des vers.

Enfin on ne peut s'empêcher de rappeler le drame grec où des strophes lyriques et des monodies lyriques sont intercalées entre des morceaux versifiés dans le type de vers qui, suivant le témoignage d'Aristote, diffère le moins de la prose. La différence profonde entre les deux parties est soulignée par le fait que les parties lyriques ont une couleur dialectale qui les sépare de la langue cou-

---

1. *Inconditis uersibus,* comme il est dit auparavant.

rante et comportent nombre de mots rares, tandis que les parties dialoguées sont dans une langue relativement voisine du parler courant.

Dans l'Avesta même, les sept chapitres en prose du Yasna qui présentent la même graphie que les gâthâ, comprennent des fragments qui se laissent découper en vers de huit syllabes. Et l'Avesta récent est mélangé de prose et de vers. Le mélange provient souvent de la juxtaposition de fragments anciennement indépendants. Mais il ne manque pas de cas où il semble ancien.

L'hypothèse suivant laquelle on n'aurait dans les gâthâ que la partie en vers d'un ensemble dont la prose serait perdue est donc plausible en elle-même. Il reste à voir comment elle se présente quand on l'applique aux textes. Presque chaque gâthâ se prête à illustrer l'hypothèse. On choisira ici une gâthâ célèbre, la plainte de l' « Ame du bœuf », Y. XXIX.

Suivant le vieil usage, qui est encore au fond de toute la doctrine gâthique, l'auteur réalise en une sorte de personne active l'ensemble qu'il considère. L' « âme du bœuf » représente ici toute l'espèce bovine. Le mot « bœuf » n'est pas à prendre au sens français, mais avec une valeur générique ; à la strophe 5, il indique le mâle, mais il serait impropre de le traduire par « taureau » ; car ce terme français évoque essentiellement l'idée de « mâle » qui, ici, est accessoire.

La première strophe débute brusquement. Elle s'adresse à des personnages qui ne sont pas nommés et que rien ne désigne expressément. Il est clair qu'un morceau précédait où les personnages interpellés étaient désignés.

1.   *xšmaibyā gəuš urvā gərəždā*
      kahmāi mā θwar(ō)ždūm kə mā tašaṭ
   ā mā aēšmō hazascā
      (rəmō) āhišayā dərəščā təviščā
   nōiṭ mōi vāstā xšmaṭ anyō
      aθā mōi sǫstā vohū vāstryā[1].

« A vous l'âme du bœuf s'est plainte : Pour qui m'avez-vous formée? Qui m'a construite? Colère et tyrannie et brutalité et force m'ont lié (?). Je n'ai pas d'autre pasteur que vous ; assignez-moi donc de bons pâturages. »

On s'attendrait ici à voir les personnages interpellés répondre à l'âme du bœuf. Mais, sans que

---

1. On transcrit ici le texte traditionnel, qui est la seule donnée de fait. Il est bien entendu que la vocalisation et le détail phonétique n'en sont pas anciens.

rien le fasse prévoir, on est transporté parmi les forces qui ont formé le bœuf. Suivant l'usage gâthique, la force active est réalisée et c'est le « fabricateur du bœuf » qui intervient:

2. *adā tašā gəuš pərəsaṭ*
     ašəm kaθā tōi gavōi ratuš
   hyaṭ hīm dātā xšayantō
      hadā vāstrā gaodāyō θwaxšō
   kəm hōi uštā ahurəm
      yə drəgvōdbīš āēšməm vādayōiṭ.

« Alors le fabricateur du bœuf a interrogé Asa : « Comment as-tu un génie protecteur pour le bœuf, afin que vous qui êtes les maîtres, vous lui donniez avec la pâture le soin qui revient au bœuf..... ? Qui voulez-vous pour lui comme maître qui écarte la colère avec les méchants ? »

3. La strophe 3 apporte la réponse à la question posée ; elle ne suppose pas, mais n'exclut pas non plus, un peu de prose intermédiaire. On ne la traduira pas parce qu'elle est médiocrement claire dans le détail. Il y est dit que personne ici ne peut protéger le bœuf.

Il convient cependant de relever un détail. Les paroles prononcées sont attribuées à *Aša*, qui serait désigné à l'instrumental. Mais, bien que

pareille hypothèse ait été faite pour plus d'un passage, il n'est pas admissible que, dans un texte de la
forme archaïque des gâthâ, le sujet soit exprimé à
l'instrumental. Ou bien le sujet principal était indiqué dans l'explication en prose qui précédait, ou
bien c'est un personnage divin indéterminé ; *aša*
signifie « avec *aša* ». On a de même Y. XLIX, 7 :

> *taṭčā vohū mazdā sraotū mananhā*
> *sraotū ašā gūšahvā tū ahurā*

« et qu'il (?) entende avec *Vohū manō* [1], qu'il
entende avec *Aša* ; écoute, toi, *Ahura* ».

Ici « il » n'est pas déterminé par le texte même :
c'est un personnage indéterminé, ou indiqué dans
la partie en prose.

4. La strophe 4 apporte une déclaration générale qui prépare l'intervention d'*Ahura Mazdā*.
On entrevoit l'enchaînement ; mais il manque une
préparation :

> *mazdå saxvārǝ mairištō*
> *yā zī vāvǝrǝzōi pairi.čiθīṭ*

---

1. On gardera ici au nom de *Vohū manō* « Esprit bon » sa
forme avestique. Le nom *manō* de « ce qui est pensé » y est
au neutre, tandis que, dans *Mainyuš spǝntō*, *mainyuš*
« Esprit » est masculin, et que *-maitis* dans *ārmaitiš* « pensée
correcte » est féminin.

> *daēvāišcā mašyāišcā*
> *yācā varašaitē aipī.cibit*
> *hvō vīcirō ahurō*
> *aθā nō aṅhat yaθā hvō vasat.*

« C'est *Mazdā* qui connaît le mieux les indications (?), celles qui ont été faites autrefois par les démons et par les hommes et celles qui seront faites par la suite ; mais c'est lui *Ahura* qui décide ; qu'il en soit pour nous suivant sa volonté à lui. »

5. L'âme du bœuf reprend la parole sans que rien le fasse attendre, et le fait qu'elle est indiquée uniquement par l'adjectif possessif « mon » suppose une introduction. Rien ne fait prévoir non plus que le mâle soit, cette fois, accompagné de la femelle.

> *at vā ustānāiš ahvā*
> *zastāiš frīnəmnā ahurāi ā*
> *mə urvā gəušcā azyå*
> *hyat mazdąm dvaidī frasābyō*
> *nōit arəžjyōi frajyāitiš*
> *nōit fšuyentē drəgvasū pairī.*

« Et nous (deux), avec nos mains étendues, nous sommes à adresser nos prières à *Ahura*, mon âme et celle de la vache pleine, quand nous nous adressons (?) à Mazdā pour nos demandes. Ce n'est pas pour le Juste que doit être la destruction, ce n'est pas pour le pasteur de la part des méchants. »

6. Cette strophe s'enchaîne à la précédente ; car l'indication de celui qui parle figure dans la strophe même ; le début, tout prosaïque, rend inutile un morceau de prose intermédiaire :

aṭ ə vaočaṭ ahurō
  mazdå vīdvå vafūš vyānayā
noīṭ aēvā ahū vistō
  naēdā ratuš ašāṭčiṭ hačā
aṭ zī θwā fšuyantaēčā
  vāstryāičā θwōrəštā tatašā.

« Alors… a parlé *Ahura Mazdā*, lui qui sait,… Il n'y a, du fait de *Aša*, ni maître, ni génie. Mais c'est pour le pasteur et l'homme du pâturage que le fabricateur t'a construit. »

7. Seul, le pronom de la 1re personne duel qui se lit au troisième vers de la strophe avestique montre que l' « âme du bœuf » pose ici la question. La strophe était donc amorcée par quelque indication.

təm āzūtōiš ahurō
  mąθrəm tašaṭ ašā hazaošō
mazdå gavōi xšvīdəmčā
  hvōurušaēibyō spəntō sāsnayā
kastē vohū manaṅhā
  yə ī dāyāṭ əəāvā marətaēibyō.

« La formule de graisse, *Ahura Mazdā* saint l'a construite d'accord avec *Aša* pour le bœuf, et aussi le lait pour ceux qui veulent le consommer, par son enseignement. Qui as-tu, avec *Vohū manō*, qui nous (deux) soigne en vue des hommes ? »

8. La strophe précédente exclut, semble-t-il, que la réponse soit prononcée par *Vohū manō*, ainsi qu'il a été supposé, et l'on ne voit pas dans la bouche de qui elle peut se placer. Ici encore manque au moins une indication nécessaire à l'intelligence exacte du passage. Et pourtant il s'agit d'une partie essentielle du morceau ; car le caractère de prophète de Zoroastre y est affirmé avec force :

> *aēm mōi idā vistō*
>> *yə nə aēvō sāsnå gūšatā*
> *zaraϑuštrō, spitamō*
>> *hvō nə mazdā vaštī ašāičā*
> *čarəkərəϑrā srāvayeṅhē*
>> *hyaṭ hōi hudəməm dyāi vaxəδrahyā.*

« Celui-ci m'est connu ici qui seul a entendu mes enseignements, il veut, o *Mazdā*, faire entendre les   à nous et à *Aša*. Qu'on lui donne le   de la religion. »

9. Cette strophe s'enchaîne à la précédente ;

celui qui parle est indiqué au début, comme dans la strophe 6.

> *aṭ čā gəuš urvā raostā*
> *yə anaēšəm xšąmmənē rādəm*
> *văčəm nərəš asūrahyā*
> *yəm ā vasəmī īšā xšaθrīm*
> *kadā yavā hvō aṅhaṭ*
> *yə hōi dadaṭ zastavaṭ avō.*

« Alors a gémi l'âme du bœuf : Que je doive me contenter d'un protecteur sans force, de la voix d'un homme sans puissance, moi qui désire un chef commandant à sa volonté ! Quand viendra jamais celui qui lui (à Zoroastre) donnera une aide matérielle ? »

10. Suivent deux strophes que MM. Bartholomae et Andreas-Wackernagel s'accordent à mettre à part ; la traduction Andreas-Wackernagel les met en italiques. C'est une sorte de prière qui doit répondre au fond à la dernière plainte de l' « âme du bœuf ». Mais on n'entrevoit même pas de quelle façon cette prière finale répond à la plainte et à la demande si précise de la strophe 9. La lacune d'un morceau en prose apparaît ici bien à plein.

> *yūžəm aēibyō ahurā*
> *aogō dātā ašā xšaθrəmčā*

> *avat vohū manaṅhā*
> *yā hušoitiš rāmąmčā dāṭ*
> *azəmčiṭ ahyā mazdā*
> *θwąm məṅhī paourvīm vaēdəm.*

« O vous, *Ahura, Aša* et *Xšaθra*, donnez leur force et puissance, et ceci, avec *Vohū manō*, par quoi il peut créer bons établissements et tranquillité. Moi, o *Mazdā*, je l'ai considéré comme le premier auteur de ceci. »

On imagine que le « il » dont il est ici question est Zoroastre qui aura enfin trouvé les moyens de puissance nécessaire. Mais, ce n'est pas dit ; or, ce n'est intelligible que si c'est exprimé quelque part. Il y avait sûrement un morceau de prose étendu, comprenant plusieurs explications qu'on entrevoit.

11. La dernière strophe est malheureusement obscure. La prière adressée à *Aša, Vohū manō, Xšaθra* et *Ahura Mazdā* se voit nettement ; mais le détail ne se laisse pas préciser de manière sûre. On n'essaiera donc ni de traduire cette strophe, ni par suite de la relier à ce qui précède.

Les passages traduisibles d'une manière certaine ne laissent pas de doute. Les strophes ne se suivent qu'à condition de supposer entre elles un fil qui les relie. Ce fil était le texte en prose, plus ou moins informe, plus ou moins improvisé qui précédait les parties poétiques et qui s'intercalait entre elles.

La même hypothèse est nécessaire, de manière plus ou moins visible, pour tous les textes gāthiques. Ce sont des strophes faisant partie d'un même ensemble, ce ne sont pas des hymnes suivis.

Cette hypothèse une fois admise, il devient plus facile de voir comment le texte peut s'interpréter et ce que l'on a le droit d'en tirer. On n'est plus condamné à trouver à tout prix entre les strophes un lien qui tantôt est évident et tantôt manque entièrement.

CARACTÈRE DE LA DOCTRINE DES *GATHA*

Il ne faut pas se laisser abuser par les difficultés et les obscurités du texte ; les gâthâ sont dominées par une théologie arrêtée qui se laisse voir presque à chaque ligne. Il y a un dieu qui est *Ahura Mazdā*. Dans chaque strophe, presque dans chaque vers, on aperçoit, sous son nom ou par une allusion, l'un ou l'autre des *aməša spənta*, et dans nombre de strophes ils figurent tous. Le spirituel (*manaṅha-*) se distingue du corporel (*astvant-*). La division tripartite en pensée (ce qui est pensé), parole (ce qui est dit), acte est toujours présente. Le bien s'oppose au mal et il en résultera des rétributions différentes après la mort. Telles sont les grandes lignes de la doctrine dont la cohérence est parfaite.

Un trait négatif frappe d'abord : le mot *yazata-* « personnage qui a droit au sacrifice, dieu », qui est courant dans l'Avesta récent et qui était destiné à une grande fortune, ne figure pas dans les gâthâ. Il se lit seulement dans le groupe de la *haptaṅhaitī* qui a la graphie gâthique, mais qui ne fait pas partie des gâthâ. Les gâthâ ne connaissent qu'un dieu qui est *Ahura Mazdā*. Elles n'insistent pas sur le monothéisme ; mais elles le présentent en fait d'une manière stricte. On lit dans les inscriptions de Darius : *manā a(h)uramazdā upastām baratuv hadā viθaibiš bagaibiš* « Qu'Ahuramazdā m'apporte secours avec tous les dieux » (Pers. d, et ailleurs) ; et en effet, quand Hérodote, I, 132, parle de la religion des Perses, il envisage un polythéisme où les dieux sont des forces naturelles, c'est-à-dire l'ancienne religion indo-iranienne. Ce n'est pas seulement le terme *baga* qui diffère de celui de l'Avesta, à savoir *yazata-*, passé ensuite en persan ; c'est le fond même de la conception. Le personnel de divinités variées qui emplit le véda et qui, on le voit par les traces subsistantes dans l'Avesta récent et par les témoignages plus anciens de Cappadoce, était indo-iranien (aryen), est absent des gâthâ.

Autre trait négatif tout aussi remarquable : le sacrifice ne tient aucune place. Et ce n'est pas seulement le sacrifice sanglant, mal d'accord avec l'ensemble de la doctrine, qui est ignoré, c'est aussi le sacrifice de *soma-* : *haoma-* n'apparaît que dans l'Avesta récent où sa place est importante. Du sacrifice du bœuf que décrit Hérodote, I, 132, comme étant le sacrifice des Perses, à la religion des gāthā, il y a loin, de même que les gāthā conservées ne sauraient être qualifiées de θεογονίη, suivant l'expression d'Hérodote.

Darius se vante d'avoir restauré les lieux de sacrifice, les *āyadanā*, détruits par le mage *Gaumata*. La racine perse *yad-* est la forme qui répond à *yaz-* de l'Avesta. On est tenté de se demander si *Gaumata-* que Darius, d'accord avec une part au moins de l'aristocratie perse, a brisé n'était pas un véritable sectateur de Zoroastre, ce que n'était pas Darius lui-même. On ne peut que poser la question. Mais l'hypothèse mérite d'être considérée. Il est curieux que la première partie du nom de *Gaumata* rappelle le nom du « bœuf » qui tient tant de place dans les gâthâ.

La racine avestique *yaz-* qui correspond à *yaj-* du sanskrit et qui représente la racine indo-iranienne signifiant « sacrifier » n'est pas inconnue des gāthā. On trouve le verbe *yazaitē* répondant à skr. *yájate* « il sacrifie », et le substantif *yasnō*, répondant à skr. *yajñáḥ* « sacrifice ». Mais ni le verbe ni le substantif ne s'appliquent proprement au sacrifice. Il y a même un passage où, dans l'énu-

mération usuelle, « pensée, parole, acte », *yasnō*
désigne la « pensée », Y. XXXIV, 1 :

yā šyaoϑnā yā vačaṅhā   yā yasnā aməratatātəm
ašəmčā taēibyō dånhā || *mazdā xšaϑrəmčā haurvatātō.*

« l'acte, la parole, le sacrifice (c'est-à-dire la chose
pensée), par quoi tu leur as donné, ô Mazdā, l'Immortalité et Asa et le règne de l'Intégrité » (on
notera que ces vers, comme tant d'autres des
gâthâ, sont faits tout entiers avec des termes
techniques, de valeur rigoureusement définie). Il
est clair que le mot « sacrifice » est mis ici pour
suggérer « pensée » : l'auteur admet que la pensée
de l'homme pieux est le sacrifice par excellence.
Du reste « pensée, parole, acte » se retrouve à la
strophe 2. C'est par *myazda-* que l'offrande est
indiquée à la strophe 3. Et il semble que, à la
strophe 14, le sacrifice du bœuf soit expressément
condamné comme pratiqué par les ennemis de la
religion :

hyaṭčā gåuš jaidyāi mravī[1] *yə dūraošəm saočayaṭ avō*

« et qu'il a été dit : le bœuf est à tuer, lui qui
procure aide à qui éloigne la mort » [*dūraoša-* « qui

-----

1. La vocalisation *mraoī* ne saurait répondre à l'état
ancien ; la métrique l'exclut.

éloigne la mort » est l'épithète de *haoma-* dans l'Avesta récent]. Ceci concorde avec le fait connu que les gâthâ ignorent — veulent ignorer — *Miθra*.

Les rites ne tiennent dans les gâthâ aucune place : il n'y est question que de l'opposition, toute morale, entre le bien et le mal.

Qu'on lise maintenant, Y. XLIX, 4 et 5, deux strophes qui indiquent le contraste entre le bon et le méchant, et qui sont, comme les vers cités ci-dessous, faites avec des termes techniques.

4. *yōi dušxraθwā*   *aēšməm varədən rāməmčā*
   hvāiš hizubīš   *fšuyasū afšuyantō*
   yaēšąm nōiṭ   *h(u)varštāiš vąs dužvarštā*
   tōi daēvəng dąn   *yā drəgvatō daēnā*

« Ceux qui ont fait grandir la colère et la violence par leur pensée active, par leurs langues, qui n'élèvent pas de troupeaux parmi ceux qui en élèvent, ceux chez qui dominent les actes mauvais, non les bons, ceux-ci ont créé les *daēva,* avec leur personnalité religieuse de méchant. »

5. *aṭ hvō mazdā*   *ižāčā ažūitiščā*
   yə daēnąm   *vohū sārəštā mananhā*
   ārmatōiš   *kasčīṭ ašā hužəntuš*
   tāiščā vīspaiš   *θwahmī xšaθrōi ahurā*

« Mais, celui-là, *o Mazdā*, est bonté et graisse (profit) qui a uni sa personnalité religieuse à *Vohū Manō* (Bon esprit), ayant chacun connaissance d'*Armaiti* (lire *Aramaiti* « pensée correcte ») avec *Aša*. Avec tous ceux-ci, il est dans ton royaume, o *Ahura*. »

Le départ ainsi tracé entre les bons et les méchants est souvent marqué avec force, ainsi Y. XLIX, 3 :

tā vaṅhəuš sarə izyāi manaṅhō
antarə vīspəng drəgvatō haxməng [antarə] mruyē

« Par suite, je désire union avec *Vohū manō* ; j'interdis la communauté avec tous les méchants. »

On notera ici la vieille expression *antarə... mruyē* dont l'origine indo-européenne se reconnaît à ce que le latin *interdīcō* en fournit le pendant exact.

Ce n'est pas à dire que le système gâthique soit dualiste. Le mazdéisme sassanide a tendu vers le dualisme. Mais les gâthâ ne mettent pas sur des plans parallèles le bien et le mal ; elles se bornent à marquer l'opposition. *Ahura Mazdā*, principe du bien, est un dieu ; mais il n'y a pas de personnalité divine mauvaise qui lui fasse pendant.

Sans doute, l' « Esprit mauvais », *aṅrō mainyuš*, s'oppose à l' « Esprit bon », *spəntō mainyuš*.

Il faut définir l' « Esprit bon », *spəntō mainyuš*. Les gâthâ conservent l'usage indo-européen d'envisager comme une réalité active toute force dont on sent la manifestation. Un moderne dirait que des abstractions sont réalisées ; mais en vérité, c'est comme force active que l'on voyait ce qui pour nous est abstraction. *Spəntō mainyuš* est le principe actif de tout ce qu'il y a de bon, de profitable dans la personne d'*Ahura Mazdā*.

Comme le mal existe en regard du bien, il y a aussi un principe actif du mal, simple contrepartie de *Spəntō mainyuš*, à savoir l' « Esprit mauvais » *aṅrō mainyuš* (*aṅra-* noté *angra-* dans l'orthographe des gâthâ, étant l'adjectif ordinaire pour « mauvais » et *mainyu-* le mot ordinaire pour « esprit » : on voit combien ce groupe de deux mots distincts est loin de la personnalité d'un *Ahriman*). Le principe n'apparaît dans les gâthâ, sous ce nom, qu'une fois, et *aṅra-* n'y est pas rapproché de *mainyu-*. C'est le passage si net de Y. XLV, 2, où l' « Esprit mauvais » est opposé à l' « Esprit bon » et où l'opposition est soulignée par le fait que l' « Esprit bon » est nommé au comparatif, *spanyå* et non *spəntō* :

aṭ fravaxšyā   *aṅhəuš mainyū pouruyē*

yayå spanyå   *ūitī mravaṭ yəm angrəm*

nōit nā manå   *nōiṭ sənghā nōiṭ xratavō*

naēdā varnā   *noiṭ uxδā naēdā šyaoθnā*

nōit daēnå   *nōiṭ urvānō haċainte*

« Je vais proclamer en premier lieu les deux esprits du monde, dont le meilleur a ainsi parlé au mauvais ; non pas nos (de nous deux) pensées, non pas nos enseignements, non pas nos pensées actives, ni nos fois, non pas nos paroles ni nos actes, non pas nos personnalités religieuses, non pas nos âmes ne concordent... »

Ce qui prouve que la personnalité d'un *angrō mainyuš* n'est pas fermement constituée dans les gâthâ, c'est que, dans les autres passages, du reste peu nombreux, où il est question de l' « Esprit mauvais », les auteurs se servent d'autres adjectifs : *akō*, Y. XXXII, 5 ; *drəgvå*, Y. XXX, 5. La seule chose fixe, c'est qu'un « Esprit mauvais » s'oppose au bon, et ceci est assez établi pour que l'on parle de *mainyū* « les (deux) esprits » au duel, Y. XXX, 3 et 4 (donc avant la mention de *drəgvå*), sans explication.

Spəntō mainyuš est la force immanente de *Ahura Mazdā*, ainsi Y. XXXIII, 12 ; XLIII, 2 ; LI, 7 ; XLIV, 7.

A *Ahura Mazdā* et à l' « Esprit bon » qui est sa force active, avec les *Aməša spənta,* cortège de forces bienfaisantes qui accompagnent *Ahura Mazdā,* s'opposent des forces mauvaises. Il y a peut-être parfois quelque artifice théologique dans la forme de ces oppositions : *tarəmaiti-* « Pensée hors (de la règle) » est fait pour s'opposer à *ārmaiti-* « Pensée correcte » (c'est-à-dire, comme on l'a vu : *ara-maiti-,* valant toujours quatre syllabes : la vocalisation traditionnelle est mauvaise) et *akəm manō* « ce qui est pensé mal » à *Vohū manō* « Ce qui est pensé bien ». On a ainsi, Y. XXXIII, 4 :

yə θwaṭ mazdā asruštīm   akəmčā manō yazāi
                                                    [apā
hvaētəuščā tarəmaitīm   vərəzənahyāčā[1] nazdiš-
                                                    [tąm drujəm
airyamnasčā nidəntō[2]   gəuščā vāstrāṭ ačištəm
                                                    [mantūm

« Moi qui par mon hommage écarte de toi, *Mazdā,* Non-obéissance et Mauvaise pensée, et du noble l'ὕβρις, et du travailleur la malfaisance proche, et du prêtre ceux qui l'outragent, et de la pâture du bœuf le mauvais maître. »

1. Cette forme a été expliquée ci-dessus, p. 31.
2. *nadəntō,* mss.

Les forces mauvaises ne sont rien d'autre que l'inverse des forces bonnes. Moins encore qu'il n'y a un panthéon de forces bonnes, il n'y a un pandémonion de forces mauvaises.

Quant aux *daēva-*, ils n'ont pas dans les gâthâ une physionomie nette. On ne pouvait les ignorer ; c'étaient des êtres trop connus de tous, trop familiers à tous. Ce sont des êtres spirituels mauvais, qui s'opposent à *Ahura-*. Le zoroastrisme les a acceptés sans arriver à leur donner exactement un rôle.

Le texte où le rôle respectif des deux esprits est le mieux défini est Y. XXX. A la strophe 3, il est parlé de *tā mainyū* au duel, et ils sont qualifiés de *yəmā* « jumeaux » ; ils sont le « bien » (*vahyō*) et le « mal » (*akəm*) en pensée, parole, acte ; on choisit entre les deux. Il y a une rencontre des « deux esprits » au début :

4. *aṭcō hyaṭ tā həm mainyū   jasaĕtem paourvīm*
                                        [*dazdē*
   gaēmčā ajyāitīmčā   yaθāčā aṅhaṭ
                                        [*apəməm aṅhəuš*[1]
   ačištō drəgvatąm   aṭ ašāunē vahištəm
                                        [*manō*

1. Les meilleurs manuscrits ont *aṅhuš* qui serait surprenant.

« Et quand les deux esprits se sont rencontrés au début, ils ont posé et vie et non vie, de sorte que, à la fin du monde, il y ait le plus mauvais esprit (*mainyuš*) pour les méchants et Pensée la meilleure (*vahištəm manō*) pour le juste. »

Ce qui est opposé ici, ce sont les deux esprits, bon et mauvais ; *Ahura Mazdā* est hors de cette opposition. On le voit à la strophe 5.

5. *ayå mainivå varatā   yə drəgvə ačištā vərəzyō*
   ašəm mainyuš spəništō   yə xraoždištəng asnō
                                   [*vastē*
   yaēčā xšnaošən ahurəm   haiθyāiš šyaoθnāiš
                                   [*fraorət mazdąm*

« Or ces deux esprits ont choisi, le Méchant les actions les plus mauvaises, l'Esprit le plus bienfaisant (a choisi) *Aša*, lui qui est vêtu des cieux les plus solides, et ceux qui veulent satisfaire *Ahura Mazdā* de bonne volonté par des actes corrects. »

Les *daēva* existent indépendamment de l'Esprit mauvais. On le voit par la strophe suivante :

6. *ayå nōiṭ ərəš vīšyātā   daēvāčinā hyaṭ īš ā*
                                   [*dəbaomā*
   pərəsmanəng upā jasaṭ   vərənātā ačištəm manō
   aṭ aēšməm həndvārəntā   yā bąnayən ahūm
                                   [*marətānō*

« Entre ces deux (Esprits), les *daēva* n'ont pas fait le choix juste parce que la tromperie est venue sur eux qui se concertaient ; ils ont choisi la Pensée la plus mauvaise et ils se sont précipités ensemble vers aēšma pour nuire à la vie de l'homme. »

Entre la strophe 6 et la strophe 7 ; il y avait sûrement une explication en prose ; car il est renvoyé à *vohū manō*, qui n'est pas nommé, et l'on s'adresse à *Ahura Mazdā* que rien ne fait prévoir :

7. *ahmāičā xšaθrā jasaṯ   mananhā vohū ašāca*
   aṯ kəhrpąm[1] *utayūitīš   dadāṯ ārmaitiš ąnmā*

« Et à lui *Armaiti* est venu avec *Pouvoir* et *Vohū manō* et *Aša* et elle a donné aux corps secours » (on ne traduit pas le dernier vers, où il est question de l'épreuve par le métal brûlant, *ayanhā* ; c'est là que l'auteur s'adresse à *Ahura Mazdā*, simplement par *tōi*).

A la strophe 9, il y a une invocation à *Mazdā* et aux *Ahura* : *mazdåscā ahurånhō*, avec la forme savante du pluriel *ahurånhō*, qui indique l'antiquité de cette invocation ; celle-ci se retrouve exactement dans Y. XXXI, 4. Ce qui est entendu par *Ahurånho*, ce ne peuvent être des dieux

---

1. Correction évidente de MM. Andreas et Wackernagel.

pareils à *Ahura Mazdā* ; *Mazdā* est du reste isolé dans la formule même. C'est le cortège des forces qui entourent *Ahura Mazdā* ; elles sont nommées Y. XXXIII, 11 :

yə səvištō ahurō   *mazdåsčā ārmaitiščā*
ašəmčā frādaţgaêθəm *manasčā vohū*
         [*xšaθrəmčā*
sraotā mōi mərəždātā mōi

« Très bienfaisant *Ahura Mazdā* et *Armaiti* et *Aša* qui fait prospérer le monde et *Vohū manō* et Pouvoir écoutez-moi, ayez pitié de moi. »

L'opposition entre *fšuyasū* et *afšuyantō*, entre « ceux qui élèvent des troupeaux » et « ceux qui n'élèvent pas de troupeaux », qu'on a vue ci-dessus, p. 57, dans Y. XLIX, 4, est significative. Les auteurs des gāthā s'adressent à des chefs, mais pour leur demander de protéger les travailleurs contre les tyrans qui les oppriment, les bestiaux contre les mauvais maîtres qui les maltraitent.

La religion ritualiste dont on a, pour l'Inde, les textes récités dans les sacrifices, était celle de la grande aristocratie indo-iranienne, héritière directe de l'aristocratie conquérante indo-européenne. Pour faire faire un sacrifice de type védique, avec tous

4,

les prêtres qu'il comportait et son développement prolongé de rites minutieux, il fallait être un chef puissant. Le sacrifice védique suppose donc des chefs vivant sur une population de sujets nombreux qui leur fournissent des ressources abondantes. Le sacrifice vise ouvertement à accroître la puissance de ceux qui le font faire à leur profit. Les dieux auxquels il s'adresse sont conçus à l'image des grands chefs qui y participent.

La religion des gâthâ est celle d'hommes, agriculteurs et surtout pasteurs, qui vivent du produit de la terre exploitée par eux-mêmes. Le cultivateur romain — Rome a été gouvernée d'abord et constituée par une aristocratie de paysans — vivait entouré de forces actives, propices ou hostiles, les *indigetes, indigitamenta*; à chacune de ses opérations présidait quelque génie : un *ueruactor* pour le premier labour et un *redarator* pour le second, un *insitor* pour les semailles et ainsi de suite. Il y a une *Lūcīna* pour l'accouchement. Le cultivateur romain était entouré d'un monde de génies, expressions de chacun de ses actes. Ce sont des cultivateurs, les Romains dans le monde antique, les Lituaniens jusqu'à l'époque moderne, qui ont conservé le culte de ces forces partielles sur lequel Usener a si justement attiré l'attention (v. en dernier lieu Schrader-Nehring, *Reallexicon d. indogn. Altertumskunde*, II, p. 249). Le monde des gâthâ se compose de même de forces actives qui président à chaque activité, et, on l'a vu, ce n'est pas de dieux, c'est de forces actives qu'est entouré *Ahura Mazdā*. Le cultivateur ne s'intéresse pas à une « aristocratie » de dieux qui sont loin de lui ; il ne pense qu'à la « démocratie » des forces qui peuvent le servir ou lui nuire.

A les prendre à la lettre, les forces mentionnées dans les gâthâ ont l'air abstraites et lointaines. Mais, le cultivateur les conçoit comme des réalités quasi matérielles.

Aramaiti- n'est pas seulement la pensée correcte et mesurée ; c'est tout ce qui peut s'associer à la mesure. Le chef, avec son ὕβρις (*tarǝmaiti-*) vit de conquête et de domination. Le cultivateur vit du retour régulier des produits de la terre : *arǝmaiti-* n'est pas seulement la pensée correcte, c'est la « terre ».

Haurvatāt- et *amǝrǝtāt-* ne sont pas seulement « Santé » et « Immortalité », et, si l'on veut, « boisson » et « nourriture » d'immortalité. Ce sont les « eaux » et les « plantes » dont vit le cultivateur, directement ou indirectement.

La religion gâthique appartient donc à une couche

sociale autre que la religion védique. Elle exprime
les aspirations d'hommes qui travaillent, et qui ont
besoin d'une société pacifique, ordonnée, pour
profiter de leur travail. De là la mise au premier
plan des actions morales et non pas de la force
conquérante.

Ainsi s'expliquent les différences profondes qui
s'observent entre les *gâthâ* et les *veda*.

Mais l'aspiration du cultivateur à un ordre
social qui assure à chacun la juste rétribution de
son travail ne se réalise guère dans un monde
encore tout dominé par des chefs qui vivent de la
conquête et de la guerre. Le pauvre, qui trouve en
cette vie tant d'injustice, est amené à concevoir
que les puissances célestes compensent, après la
mort, le mal fait durant la vie. La notion d'une
rétribution après la mort, d'un châtiment des
violents, d'une satisfaction donnée au juste, ne fait
que transporter dans un monde idéal la justice
qui est absente du monde des vivants.

Le sort de l'âme après la mort est l'un des
soucis dominants chez les auteurs des gâthâ.

Dans Y. XLVI, l'auteur se plaint d'être faible
en cette vie. Il ne sait où aller pour prier. Ni la
noblesse, ni les prêtres, ni le peuple, ni les chefs,

qui sont mauvais, ne sont avec lui (str. 1). Il dispose de peu de troupeaux, de peu d'hommes (str. 2). Il n'attend son salut que de l'aide céleste. Les méchants ne laissent pas prospérer le bœuf. Le fidèle compte sur *Ahura Mazdā* pour lui trouver des protecteurs· Enfin, viennent deux strophes où tout n'est pas clair, mais où le sens général au moins est limpide :

10. *yə vā mōi nā*   *gənā vā mazdā ahurā*
  dāyāṭ aṅhəuš   *yā tū vōistā vahištā*
  ašīm ašāi   *vohū xšaθrəm manaṅhā*
  yąscā haxšai   *xšmavatąm vahmāi ā*
  frō. tāiš vīspāiš   *činvatō frafrä pərətūm*

« Celui qui, homme ou femme, o *Mazdā Ahurā*, crée pour moi ce que du monde tu sais être le meilleur, rétribution pour *Aša*, Domination avec *vohū manō*, et ceux que je veux déterminer à prier les êtres tels que toi, avec eux tous, je veux passer le pont de séparation (le pont činvat). »

11. *xšaθrāiš yūjən*   *karapanō kāvayascā*
  akāiš šyaoθnāiš   *ahūm mərəngəidyāi mašīm*
  yəng hvə urvā   *hvaēca xraodaṭ daēnā*
  hyaṭ aibī gəmən   *yaθā činvatō pərətuš*
  yavāi vīspāi   *drūjō dəmānāi astayō*

« Par leur domination, par leurs actes mauvais, les *karapan* et les *kāvi* amènent (?) à faire du mal au monde les hommes, ceux que leur âme et leur personnalité religieuse tourmentera (?), quand ils arriveront là où est le pont du Séparateur, pour tous les temps, pour la maison de la *Drug,* pour y séjourner. »

Ce jugement, qui sera suivi d'un jugement dernier, réalise enfin la justice. L'homme de condition modeste compte sur *Ahura Mazdā* pour le protéger ici-bas, et, à défaut du succès en ce monde, pour rétablir après la mort la justice dans ses droits.

Les gâthâ exprimaient ainsi la résistance du cultivateur contre les chefs brutaux qui le troublent dans son activité régulière. Ce n'est sans doute pas un hasard si ce mouvement religieux de « pauvres » précède de peu l'établissement de la dynastie achéménide. On sait en effet que les Achéménides ont soumis les chefs locaux et gouverné tout leur empire au moyen de hauts fonctionnaires, représentant le pouvoir central, les satrapes. Le monde était las des pouvoirs locaux en lutte les uns contre les autres et qui, au lieu de la sécurité, faisaient régner la lutte entre voisins. On ne voulait plus du règne de la violence.

C'est vers le même temps que, en Grèce, des

tyrans représentant la plèbe luttent, souvent avec succès, contre l'aristocratie traditionnelle qui exploitait le pays.

Des mouvements religieux de « pauvres » s'établissent alors dans les pays voisins : le prophétisme chez les Juifs, le bouddhisme dans l'Inde. La réforme religieuse qui s'exprime dans les gâthâ n'est pas isolée. Et les conséquences de ces mouvements sont de même type : rien n'est plus loin de l'organisation politique indiquée par les védas qu'un empire comme celui du grand souverain bouddhique, *Açoka*.

Tout savant qui a étudié les gâthâ a vu que les conceptions morales y sont liées à des faits d'ordre économique et social. Mais ce qu'il y faut chercher, ce n'est pas le contraste entre l'agriculteur et le nomade ; rien de pareil n'est indiqué par le texte ; et l'importance attachée à l'élevage du bétail ne caractériserait pas l'agriculteur par rapport au nomade. On est bien plutôt en face de la vieille opposition des riches et des pauvres, des aristocrates guerriers et des cultivateurs. C'est cette opposition qui, seule, rend compte de l'importance dominante attribuée par le zoroastrisme ancien à la doctrine de la rétribution après la mort[1].

1. Sur le caractère de ces mouvements sociaux, voir dans la revue l'*Anthropologie,* 1924, p. 297 et suiv., les obser-

A ce point de vue, comme à tous les autres, la situation sur laquelle reposent les gâthâ n'a rien de commun avec celle que représente l'Avesta récent.

vations présentées par M. Mauss à l'*Institut français d'anthropologie,* le 19 mars 1924, à la suite d'un bref expo que j'avais fait des idées indiquées dans cette confé noe faite auparavant à Upsal.

ANNALES DU MUSÉE GUIMET

BIBLIOTHÈQUE D'ÉTUDES

XXXIX : Conférences faites au Musée Guimet en 1912, nombr. planches, 277 pp., in-12, 1913. .   *Épuisé.*

R. Dussaud, Les crimes d'Athalie (histoire et légende) — *R. Cagnat*, Visite à quelques villes africaines récemment fouillées. — *R. Pichon*, Le rôle religieux des femmes dans l'ancienne Rome. — *J. Toutain*, Les cavernes sacrées dans l'antiquité grecque. — *D. Menant*, Pèlerinage aux temples jainas de Girnar. — *A. Moret*, Sanctuaires de l'ancien empire égyptien.

XL : Conférences faites au Musée Guimet en 1913, nombr. planches et fig., carte, 388 pp., in-12, 1914.   10 fr.

V. Goloubev, Peintures bouddhiques aux Indes. — *Cap. de Tressan*, Influences étrangères dans la formation de l'art japonais. — *J. Hackin*, Illustrations tibétaines d'une légende du Divyâvadâna. — *S. Lévi*, Les grands hommes dans l'histoire de l'Inde. — *F. Nau*, L'expansion nestorienne en Asie.

XLI : Conférences faites au Musée Guimet en 1914, nombr. planches, 203 pp., in-12, 1916. .   10 fr.

R. Cagnat, Temples et sanctuaires romains. — *R. Dussaud*, La grande déesse chypriote. — *A. Moret*, Les statues d'Égypte « images vivantes ». — *V. Goloubev*, Le Kaîlâsa d'Ellora. — *R. Petrucci*, Les peintures bouddhiques de Touen-Houang (mission Stein). — *H. Cordier*, La question des rites chinois. — *E. Pottier*, Les origines de la caricature dans l'antiquité.

XLII : A. LECLÈRE. Cambodge : fêtes civiles et religieuses, 13 planches, 661 pp., in-12, 1917. .   12 fr.

I : Le couronnement de Sisowath. — II : les fêtes religieuses régulières. — III : les cérémonies religieuses privées. — IV : les fêtes privées. — V : les fêtes et cérémonies propitiatoires. — VI : les cérémonies qui accompagnent la prestation du serment.

CHARTRES — IMPRIMERIE DURAND, RUE FULBERT